माटी का अभिनंदन

KAVYA YATRA

प्रदीप पांथ

हम ''माटी का अभिनंदन'' काव्यसंग्रह को उन
वीर सपूतों को समर्पित करते हैं जिन्होंने
मातृभूमि की रक्षा के लिए अपना सर्वस्व
न्यौछावर कर दिया। जिन्होंने अपने बलिदान से
ही देश की माटी में राष्ट्रभक्ति भाव का बीज
बोया है। अपने शीशों का बलिदान करने के
बावजूद भी जिनका नाम इतिहास के पन्नों में
आज तक गुमनाम रहा है

--प्रदीप पांथ

क्रम-सूची

क्रम-सूची

कवि परिचय

प्रदीप पांथ, रचनाकार 'माटी का अभिनंदन'

'माटी का अभिनंदन' काव्यांजलि के रचनाकार प्रदीप पांथ मूलतः उत्तर प्रदेश प्रान्त के अमेठी जनपद के मुसाफिरखाना विकासखण्ड से तालुक्क रखते हैं। इनके अब तक तीन काव्य संग्रह 'आईना', 'दास्तान-ए-ज़िंदगी', 'चलते रहना' और एक साझा काव्य संग्रह 'उम्मीद का दिया' प्रकाशित हो चुका है। 'प्रकृति और प्रेम', 'आवर स्ट्रगल्स', 'द राइज आफ लास्ट वन्स', 'द लिटरेरी

ब्रिज' सहित अन्य काव्य संग्रह में प्रदीप पांथ की रचनाएं शामिल की गई हैं। 'माटी का अभिनंदन' इनकी पहली लंबी कविता है। यह काव्यांजलि पांचवीं पुस्तक के रूप में पाठकों के बीच पहुंची है। 'प्रदीप पांथ की कहानियां' नाम से एक कहानी संग्रह के प्रकाशन पर भी प्रदीप पांथ कार्य कर रहे हैं। प्रदीप पांथ वर्ष २०२१ में जगदीश पियूष स्मृति अमेठी रत्न सम्मान से भी सम्मानित हो चुके हैं।

उद्गार

पुष्कर सुल्तानपुरी

सही कविता अपने समय का प्रलेख होती है। प्रदीप पांथ जी की कविताएं इसका सबसे सुंदर उदाहरण हैं। इनकी कविताओं में इनका अनुभव उस मुहावरे में बोलता है जा परंपरा से पोषित होकर रंग रूप में उभरता है। प्रदीप पांथ अपनी रचनाओं में सच उजागर करते हैं। वे किसी वैचारिक ठप्पे का नहीं बल्कि व्यापक मानवीय मूल्य वक्ता का हिस्सा हैं। सच को वे गीतों में बांधकर

भी व्यक्त करते है और छंद मुक्त होकर भी। यानि गीत और अगीत दोनों तरीकों से वे अपनी रचना में सच उजागर करते हैं।

"साहित्य शब्द संस्कृत भाषा का शब्द है। साहित्य वह है जो हितकारी हो। कहने का भाव यह है कि जिसको पढ़ने, सुनने और जानने से चित्त की वृतियाँ पोषित न होकर भूषित हों, शोषित न होकर पोषित हों उसे साहित्य कहते हैं। ऐसा साहित्य जहाँ नहीं होता है वस्तुतः वह देश मुर्दा ही माना जाता है।"

संसार का सबसे अधिक असरकारक अस्त्र शब्द होता है और सबसे ज्यादा खतरनाक शस्त्र कलम होती है। कलम इतिहास को वर्तमान में लाकर खड़ी करने की क्षमता रखती है। यह देशों का भूगोल बदल देती है। सोए हुए को जगा देती है तो जागते लोगों को सुला भी देती है। कलम अगर रोते हुए को हंसाती है तो हंसते हुए को रुलाती भी है। यह मुर्दों में जान डाल देती है। निर्धन को सधन और सधन को निर्धन करने का माद्दा रखती है। राजा को रंक और रंक को राजा बनाने की शक्ति भी कलम में होती है। कलम चरित्र का उत्थान और पतन दोनों कर सकती है। कलम शस्त्र भी है और कलम अस्त्र भी है। हम कलम का सत्कार करतें हुए कलम के सिपाहियों को नमस्कार करते हैं।

समाज, संस्कृति, संस्कार, करुणा, दया, सहानुभूति, सद्भाव आदि दैवीय सम्पत्तियों को जन-जन में प्रतिष्ठित करने का नैतिक उत्तरदायित्व कलम और कलमकार का होता है। कलम जब अपने दायित्वों को छोड़ देती है तो समाज में आसुरी शक्तियाँ प्रतिष्ठित हो जाती हैं। समाज कलम का दर्पण है। जैसी कलम है वैसा समाज भी है। कलम अपने उत्तरदायित्व सजग होकर निभाये हम

ऐसी कामना करते हैं।

मैं संस्कृत भाषा को पढ़ता, सुनता जानता ही नहीं अपितु संस्कृत को जीता भी हूँ। संस्कृत मेरा प्राण है किन्तु हिन्दी मेरी मातृभाषा और राष्ट्रभाषा है। भाषा अभिव्यक्ति का साधन है। इसलिए भाषा के स्तर पर मेरे दृष्टिकोण से सबका स्वागत है। प्रदीप पांथ जी जहाँ एक सशक्त रचनाकार हैं वहीं एक ऊर्जावान पत्रकार भी हैं। पेशे से शिक्षक पांथ जी के अब तक तीन काव्य संग्रह और एक साझा संग्रह ने साहित्य जगत में अपनी सशक्त उपस्थिति दर्ज कराई है। प्रकाशन की दृष्टि से यह उनकी पांचवी कृति है। 'माटी का अभिनंदन' काव्यांजलि में शौर्य व इतिहास पुरुषों के उल्लेख से इस पुस्तक को प्राण मिल जाता है।

मैं आशा ही नहीं बल्कि पूर्ण विश्वास के साथ कहना चाहता हूँ कि प्रदीप पांथ जी की यह पुस्तक मात्र पांथ जी के लिए ही नहीं बल्कि पूरे समाज के लिए एक नई दिशा के रूप में सिद्ध होगी। हमारा समाज उन तमाम बिन्दुओं को छू सकेगा जिसकी अब तक केवल अनुभूति कर रहा था।

प्रदीप पांथ जी की यह पुस्तक नित नूतन उत्थान की तरफ अग्रसर हो। उन्हें इस पुस्तक के लिए ढेरों शुभकामनाएं।

-पुष्कर सुल्तानपुरी

प्रस्तावना

मेरा ताल्लुक उत्तर प्रदेश प्रांत के अमेठी जनपद की मुसाफिरखाना तहसील से है। इसी तहसील के मुसाफिरखाना विकासखण्ड का पूरे मोहन राम तिवारी (रूदौली) गांव मेरी जन्मस्थली है। पिता का नाम श्री गोकुल प्रसाद तिवारी और मां का नाम श्रीमती निर्मला देवी है। चार भाई बहनों में मैं सबसे छोटा हूँ। मेरी इंटर तक की शिक्षा स्थानीय एएच इंटर कालेज में, स्नातक(बीएससी) और परास्नातक(एमएससी) की शिक्षा सुलतानपुर जनपद के कमला नेहरू भौतिक एवं सामाजिक विज्ञान संस्थान में हुई। बीएड् की शिक्षा आरआरपीजी कालेज अमेठी से पूरी हुई। 2005 से मैं बेसिक शिक्षा विभाग में बतौर सहायक अध्यापक कार्यरत हूँ। पत्रकारिता जगत में भी सक्रियता रही है।

यूँ तो पांथ उपनाम से लेखन कार्य कालेज के दिनों में ही शुरू हो गया था लेकिन उसे वास्तविक आयाम ग्रामीण क्षेत्र में शिक्षक बनने के बाद उस समय मिला जब मुझे समाज के हर सुःख दुःख का अनुभव करने का सहज अवसर सुलभ हुआ। शिक्षण कार्य के साथ साथ पत्रकारिता जगत में भी सक्रिय होने के कारण मुझे समाज को बहुत ही करीब से देखने, और समझने का अवसर मिलता रहा है। निजी जीवन के संघर्षों और समाज से प्राप्त अनुभूतियों ने मेरे भीतर कवि हृदय को स्पंदित किया। जिसके कारण ही कविता लेखन विधा में साहित्य सृजन की यात्रा शुरू हो सकी।

मेरा पहला एकल काव्य संग्रह 'आईना' वर्ष 2021 में प्रकाशित हुआ। इसके बाद दो एकल काव्यसंग्रह 'दास्तान-ए-ज़िंदगी' और

'चलते रहना' प्रकाशित हुए। इसी कड़ी में हरिशंकर सरल के साथ एक साझा काव्य संग्रह 'उम्मीद का दिया' भी प्रकाशित हुआ। अब तक प्रकाशित हो चुके काव्य संग्रहों में 20-20 रचनाओं को शामिल किया गया है। इसके अतिरिक्त कई अन्य साझा संग्रहों में भी मेरी कविताएं प्रकाशित हो चुकी हैं।

'माटी का अभिनंदन' मेरी पहली लंबी कविता है। आज की युवा पीढ़ी भारतीय संस्कृति एवं संस्कार अंगीकार करने के बजाय पाश्चात्य सभ्यता को अपनाने को आतुर दिखाई पड़ती है। मुझे ऐसा लगता है कि शायद वे अपनी मातृभूमि के गौरवशाली इतिहास भूगोल से रूबरू नहीं हैं। बस इसी ख्याल ने मुझे काव्यांजलि माटी का अभिनंदन लिखने को प्रेरित किया। इस काव्यांजलि के 51 पदों के माध्यम से आज की युवा पीढ़ी का ध्यान भारत भूमि के समृद्ध एवं गौरवशाली इतिहास की ओर खींचने का प्रयास किया गया है। आशा ही नहीं अपितु पूर्ण विश्वास है कि यह काव्यांजलि पाठकों में भारत का इतिहास, भूगोल, अतीत और वर्तमान जानने व समझने की प्यास अवश्य जगाएगा।

प्रदीप पांथ

25 जून 2022

भूमिका

विमल चंद्राकर, साहित्यिक बगिया

माटी का अभिनंदन

यूँ तो पहले भी देशज काव्य रचनाएँ समय समय पर रचनाकारों द्वारा लिखी जाती रही हैं किन्तु माँ धारित्री पर लिखे गए समग्र काव्य संग्रह के रूप में यह प्रयोग प्रदीप पांथ को भीड़ से अलग कर एक ऐसे युवा रचनाकार के रूप में स्थापित कर रहा है जिसमें हम सभी का असीम संभावनाएं दिखती हैं।

माँ भारती की वंदना स्तुत्य है जो हमें रचना के पहले ही बंध से देखने को सहजतम मिलती है। प्रदीप द्वारा लिखी गई 51 पदों की यह काव्यांजलि अपने आप में एक विलग आनन्दानुभूति, आत्माभिव्यक्ति और देशज भावना से ओत.प्रोत है जो पाठकों को पहली रचना से अंतिम रचना तक नये चमत्कृत बिम्ब प्रयोगों, ऐतिहासिक प्रसंगों से जोड़ कर रखता है। पाठकों को रचनाओं के पाठ के समय भाव प्रवणता की भरी पूरी खुराक भी काव्यांजलि उपलब्ध कराती है। जो पाठक के अंदर इन रचनाओं को पूरा पढ़ जाने हेतु कौतूहल जगाता है।

प्रदीप आज के दौर में प्रेम कविताओं के भरोसे आगे नहीं बढ़ते। वे "माटी का अभिनंदन" काव्यांजलि से धरती को मातृ रूप में वंदन करते हुए आगे बढ़ते हैं जिसकी सफल अभिव्यक्ति इन पंक्तियों से अनुभूत हो जाती है...

> "हे जननी जन्मभूमि मेरी,
> तू ही मेरी पालनकर्ता।
> तू जगदम्बा है कल्याणी,
> तू सारे विघ्नों की हर्ता।।"

कवि वसुंधरा को कभी जगत जननी तो कभी जगदम्बा तो कभी कल्याणी तो कभी भाग्य विधाता के रूप में अनुभूत करता है। वहीं एक स्थान पर कवि अपने जन्म के स्थान को धरती की गोद के रूप में भी महसूस करता है। कवि धरती को कर्मों का लेखा तैयार करने वाली, भाग्य निर्मात्री के रुप में भी प्रतिबिंबित करता हैं। कवि प्रदीप धरती की इस माटी के तिलक का महात्म्य कितने सलीके से अनुभूत करते हुए व्यक्त करते हैं...

> "है शीरोधार्य तेरा हर कण,
> तू हर मस्तक का चंदन है।
> हे मातृभूमि ! तेरी माटी का,
> बार बार अभिनंदन है।।"

यहाँ कवि द्वारा देशप्रेम और देशभक्ति का बहुत ही खूबसूरत पंक्तियों में भावपूर्ण विस्तार किया गया है। धरती पर पहला पग रखने, लड़खड़ाने, कदमों के डगमगाने और संभलने, धूल में सनकर फिर से चलने और सीखने का अनुपम तौर तरीका भी अपने शब्दों के माध्यम से कवि द्वारा बखूबी प्रस्तुत किया गया है। कवि ने धरती के पालन पोषण को अपनी माता के पालन.पोषण जैसा ही आत्मसात किया है। धरती माता के आंचल की तुलना 'नन्दनवन' से करना सच में कितनी हरीतिमा, राहत और सुकून समेटे हुए है। जो इन पंक्तियों से सुंदरतम प्रकट होता है...

> "ये हरा भरा आंचल तेरा,
> माँ हम सबका नंदनवन है।
> हे मातृभूमि ! तेरी माटी का,
> बार बार अभिनंदन है।।"

कवि प्रदीप ने धरती को कभी पोषणदात्री के रूप में, कभी पहचानदात्री के रूप में, कभी कर्मशाला तो कभी भक्तों के पूज्य स्थल शिवाला के रूप में संज्ञापित किया है। वे धरती को संस्कृति की शाला के रूप में भी प्रतिष्ठित करते हैं। भरत मुनि के नवरस हों या भक्ति वासल्य के भाव, सब का आविर्भाव इसी माटी से ही स्वीकृत करते हैं। भारत भूमि पर नारायण के अवतार

से लेकर धरती के कण कण का अप्रतिम वर्णन इस संग्रह में मिलेगा। पूर्व, पश्चिम, उत्तर, दक्षिण सभी दिशाओं को कवि द्वारा अपनी पंक्तियों में समाहित किया गया है जिसकी एक झलक इन पंक्तियों में मिलती है...

"खड़ा हिमालय सीना ताने,
उत्तर में पहरा देता।
दक्षिण में रत्नाकर तेरे,
पावन चरणों को धोता।।
पूरब के पर्वत घाटी में,
दिखती जैव विविधता है।
पश्चिम की मरूभूमि सिखाती,
जीवन की जीवटता है।।"

भारत के रेगिस्तान, महाराणा का स्वाभिमान, वीरों का रणभूमि के प्रति मान, उनकी शौर्यगाथा जैसे अनेक उद्धरण "माटी का अभिनंदन" में शामिल हैं। आगे की रचनाओं में प्रदीप मेहनतकश किसानों के लिए बड़ी ही भावपूर्ण पंक्तियाँ लिखते हैं...

"खून पसीना बनकर बहता,
जिसका अन्न उगाने में।
जो श्रम की चाकी में पिसता,
रहता पांव जमाने में।।"

कवि प्रदीप ने सूरदास, तुलसी, मीरा, कबीर, इब्राहिम रसखान सभी के महात्म्य को भी सुंदरतम रीति से अपनी कविताओं में समाहित किया है। कवि ने माता पिता की सेवा पर भी सुंदर प्रसंग गणेश शिव भक्ति के माध्यम से उठाए हैं। वे भारत के

महान व्यक्तित्वों में श्रवण कुमार को भी उतना ही मान देते दिखते हैं जितना मान वे शिव पुत्र को अपनी पंक्तियों में देते हैं। इस काव्यांजलि में शामिल कविताएं भारत के ऐतिहासिक तथ्यों को जानने समझने का आधार हैं।

> "भारत के हर विश्व धरोहर,
> में युग युग का चिन्तन है।
> हे मातृभूमि ! तेरी माटी का,
> बार बार अभिनंदन है।।"

कवि प्रदीप देश के प्रमुख व्याकरण ग्रंथ, योगशास्त्र, अष्टाध्यायी, महाभाष्य, चरक संहिता, आर्युवेद, अगस्त्य सूत्र संहिता जैसी पुस्तकों के संरक्षण और उनके महत्व को भी अपनी पंक्तियों में कुशलता से शामिल करते हैं। भाषायी गठन और बिम्बों का कुशल प्रयोग उन्हें निश्चित ही सरल और सपाट बयानी से कोसों दूर करता है। प्रदीप जी ने नदी, पर्वत, झरने, प्रकृति, फल, फूल, पानी, समुद्र पर केंद्रित सुंदरतम बिम्ब अपनी काव्यांजलि में समावेशित किया है। यह ग्रंथ ऐसे तमाम कथानकों व प्रसंगों का खजाना है जिससे होकर गुजरना पाठकों के लिए जानकारी परक अनुभव होगा।

आशा है आगे भी हमें प्रदीप पांथ जी की बेहतरीन कविताएं पढ़ने को मिलेंगी। गुणीभूत लेखन के लिए हमारी अशेष शुभकामनाएं एवं संग्रह की सफलता हेतु भी हार्दिक शुभकामनाएं।

विमल चन्द्राकर

संपादक साहित्यिक बगिया

पावती (स्वीकृति)

“जिन शुभचिंतकों द्वारा मेरे पूर्व में प्रकाशित काव्य संग्रहों 'आईना', 'दास्तान-ए-ज़िंदगीं', 'चलते रहना' और 'उम्मीद का दिया' को न केवल सराहा गया अपितु साहित्य सृजन की इस काव्य यात्रा को जारी रखने के लिए प्रोत्साहित भी किया गया। जिनके प्यार और स्नेह से ही 'माटी का अभिनंदन' काव्यांजलि का प्रकाशित होकर पाठकों के बीच पहुंच पाना संभव हो सका। हम अपने उन सभी शुभचिंतकों का हृदय की अनंत गहराइयों से आभार व्यक्त करते हैं। काव्यांजलि लेखन के दौरान समय समय पर इसके अंशों पर अपनी प्रतिपुष्टि देने वाले साहित्य प्रेमियों, भूमिका लिखने वाले विमल चन्द्राकर जी व अपने अमूल्य विचार रखकर हौसलाफजाई करने वाले पुष्कर अग्रहरि जी का भी हम विशेष आभार प्रकट करते हैं।”

प्रदीप पांथ

आमुख

"जान, मान, सम्मान, शान तू
हम सबका अभिमान है,
मस्तक का शीतल चंदन तू
जीवन वृत्त विधान है।
तू मेरा ईमान धर्म और
तू ही दया निधान है,
मातृभूमि की पावन माटी
तुझको कोटि प्रणाम है।।"

'माटी का अभिनंदन' काव्यांजलि साहित्य की रचना मात्र न होकर भारत भूमि की गौरव गाथा है। जिसके माध्यम से लोगों का ध्यान भारत की गौरवशाली परंपरा, संस्कृति और इतिहास की ओर आकृष्ट करने का प्रयास किया गया है। इस काव्यांजलि में जम्बूद्वीप के भरतखण्ड की उस रम्य धरा का वर्णन है जिस पर ईश्वर ने मानव के कल्याणार्थ अधर्म का नाश कर धर्म की पुनर्स्थापना करने लिए बार बार अवतार लिया है। यह भारतभूमि की उच्च कोटि की उस पुरातन संस्कृति, ज्ञान, विज्ञान, शिक्षा, चिकित्सा, अध्यात्म की ओर पाठकों का ध्यान आकर्षित करने का प्रयास है जिसकी बदौलत भारत को विश्वगुरू कहा जाता था। भारत की संस्कृति से ही विश्व की अन्य संस्कृतियों का आविर्भाव हुआ है। इसलिए पाश्चात्य संस्कृति के बजाय अपनी संस्कृति को अंगीकार करने का एक संदेश काव्यांजलि के माध्यम से देने की कोशिश की गई है। इस काव्यांजलि में भारत भूमि को जीवन

की मधुशाला कहा गया है। भारत के महान व्यक्तियों, बाल वीरों, आदर्श महिलाओं, महान ऋषियों मुनियों, उनके योगदान के वर्णन के साथ ही मिट्टी की आध्यात्मिक समृद्धि की आधार सप्तपुरी की भी चर्चा भी इस काव्यांजलि में की गई है। प्राकृतिक सौंदर्य और उनसे मिलने वाले संदेशों की झलक भी इस काव्यांजलि में पाठकों को मिलेगी। आशा है कि 'माटी का अभिनंदन' काव्यांजलि में निहित संदेश न केवल पाठकों तक पहुंचेगा बल्कि भारत की संस्कृति से परिचित होने व समझने के लिए उनमें पुरातन इतिहास का अध्ययन करने की उत्सुकता भी जागृत करेगा।

-- प्रदीप पांथ

1. माटी का अभिनंदन

हे जननी ! जन्मभूमि मेरी
तू ही मेरी पालनकर्ता।
तू जगदंबा है कल्याणी
तू सारे विघ्नों की हर्ता।।

तू कर्म लेख लिखने वाली
तू ही तो भाग्य विधाता है।
परम पूज्य सबसे पावन
ये तेरा मेरा नाता है।।

मैं धन्य हुआ था उस दिन ही
जब अंक तुम्हारे आया था।
खुशी खुशी लेकर आँचल में
तुमने मुझे छुपाया था।।

है शिरोधार्य तेरा हर कण
तू हर मस्तक का चंदन है।
हे मातृभूमि ! तेरी माटी का
बार बार अभिनंदन है।।

2. माटी का अभिनंदन

आंख खुली तो घुटनों पर
तूने ही चलना सिखलाया।
गिरा अगर चलते चलते तो
धूरि भस्म से सहलाया।।

बाहों के झूले झूल-झूल
मैं धीरे धीरे बड़ा हुआ।
तेरी उंगली के सम्बल से
मैं अपने पैरों खड़ा हुआ।।

भूख लगी बच्चों को जब
आँचल में दूध उतर आया।
प्यास लगी तो गंगाजल सम
नीर सभी को पिलवाया।।

ये हरा भरा तेरा आँचल
मां हम सबका नंदनवन है।
हे मातृ भूमि ! तेरी माटी का,
बार बार अभिनंदन है।।

3. माटी का अभिनंदन

साँसों की जीवन डोरी को
तूने स्वयं संभाला है।
नसों में बहते रक्त में शोणित
रंग तुम्हीं ने डाला है।।

तू ही है पहचान हमारी
तू ही एक हवाला है।
तेरी ही प्रभुता से मिलता
सबको रोज निवाला है।।

अगर मेरा तन परम ब्रह्म के
पंच तत्व का प्याला है।
तो तेरी ये माया मेरे
जीवन की मधुशाला है।।

कर्मयोग की शाला में
होता क्षमता संवर्धन है।
हे मातृ भूमि ! तेरी माटी का
बार बार अभिनंदन है।।

4. माटी का अभिनंदन

तू भक्ति भाव रखने वालों
की खातिर एक शिवाला है।
जीवन मूल्य समझने खातिर
एक संस्कृति शाला है।।

भरत मुनि के नवरस के
स्थाई भाव तुम्हीं से हैं।
भक्ति, वात्सल्य भावों के भी
आविर्भाव तुम्हीं से है।।

धन्य धरा है नारायण ने
जिस पर खुद अवतार लिया।
ज्ञान और विज्ञान का तेरे
सबने लोहा मान लिया।।

नदिया, सागर, पेड़, पहाड़ों
में भी जीवन दर्शन है।
हे मातृभूमि ! तेरी माटी का
बार बार अभिनंदन है।।

5. माटी का अभिनंदन

खड़ा हिमालय सीना ताने
उत्तर में पहरा देता।
दक्षिण में रत्नाकर तेरे
पावन चरणों को धोता।।

पूरब के पर्वत घाटी में
दिखती जैव विविधता है।
पश्चिम की मरुभूमि सिखाती
जीवन की जीवटता है।।

गलहार बनी गंगा यमुना
हम सबकी जीवन रेखा है।
बेजान पत्थरों में भी तो
भगवान सभी ने देखा है।।

धन्य धरा जो तेरे कण कण
में बसते रघुनन्दन है।
हे मातृभूमि ! तेरी माटी का
बार बार अभिनंदन है।।

6. माटी का अभिनंदन

वेदों की हर एक ऋचा में
मुक्ति मार्ग का ज्ञान है।
भगवद्गीता के छंदों में
पूरा कर्म विधान है।।

रामचरित का जीवन दर्शन
मर्यादा पुरुषोत्तम हैं।
कृष्ण बताते प्रेमभाव का
भक्ति मार्ग सर्वोत्तम है।।

पूरब पश्चिम उत्तर दक्षिण
बसते चारों धाम हैं।
जिनके दर्शन करने से ही
मिलते पुण्य तमाम हैं।।

धन्य अवध और मथुरा काशी
धन्य धाम वृंदावन है।
हे मातृभूमि ! तेरी माटी का
बार बार अभिनंदन है।।

7. माटी का अभिनंदन

वीर शिवा और पृथ्वी की है
अमर यहां गौरव गाथा।
गर्वित होती मातृ शक्ति सुन
क्षत्राणी जौहर गाथा।।

स्वाभिमान की खातिर राणा
ने तृण की रोटी खाई।
मातृ भूमि की खातिर जूझी
मर्दानी लक्ष्मीबाई।।

गोरों से संघर्षों में जिन
शीशों का बलिदान रहा।
पन्नों में इतिहास के जिनका
नाम सदा गुमनाम रहा।।

उन अमर शहीदों को भी
हम सब करते सादर वन्दन हैं।
हे मातृभूमि ! तेरी माटी का
बार बार अभिनंदन है।।

8. माटी का अभिनंदन

बने पहरुए सीमा पर जो
हम सबकी रक्षा करते।
शत्रु घुसे न सरहद में
वो रातों दिन जागा करते।।

जिसने अपने जौहर से
दुश्मन का पाँव पछाड़ दिया।
ज्ञान और विज्ञान बदौलत
जिसने झंडा गाड़ दिया।।

खून पसीना बनकर बहता
जिसका अन्न उगाने में।
जो श्रम की चाकी में पिसता
रहता पांव जमाने में।।

वीर प्रसूता तेरे बेटे
करते महिमा मंडन है।
हे मातृभूमि ! तेरी माटी का
बार बार अभिनंदन है।।

9. माटी का अभिनंदन

कर्तव्य परायण बन लोगों ने
बड़े बड़े प्रतिमान गढ़े।
यज्ञ पुरोहित रावण थे, जब
राम स्वयं यजमान बने।।

सर्व धर्म सम भाव बताकर
सूफी संत महान बने।
कृष्णा की भक्ति में डूबे
इब्राहिम रसखान बने।।

सगुण उपासक सूरदास
और मीरा की बेचैनी है।
निर्गुण संत कबीरा वाली
साखी शबद रमैनी है।।

तिलक लगाते खुद रघुबर
जब तुलसी घिसते चंदन हैं।
हे मातृभूमि ! तेरी माटी का
बार बार अभिनंदन है।।

10. माटी का अभिनंदन

संत शंकराचार्य सरीखे
परम ब्रह्म विज्ञानी हैं।
आर्यभट्ट गणितज्ञ के जैसा
कौन जगत में ज्ञानी है।।

बेटा सर्वदमन सम हो ये
हर मां की अभिलाषा है।
भातृ प्रेम की स्वयं भरत ही
एक बड़ी परिभाषा है।।

सावित्री, सीता, अनुसुइया
और सती भवप्रीता हैं।
निज सतीत्व के तप बल से
ब्रह्मांड इन्होंने जीता है।।

चीरहरण सुन लाज बचाने
दौड़े स्वयं निरंजन हैं।
हे मातृभूमि ! तेरी माटी का
बार बार अभिनंदन है।।

11. माटी का अभिनंदन

कर शिरोधार्य पितु की आज्ञा
यमधाम गए नचिकेता हैं।
पितृ वचन रखने वाले
सतयुग के राम प्रणेता हैं।।

सत्यवती में शांतनु की जब
अनुरक्ति को जान लिया।
आजीवन तब ब्रह्मचर्य की
भीष्म प्रतिज्ञा ठान लिया।।

नाम श्रवण का अमर हुआ है
मातृ पितृ की भक्ति में।
तीर्थ धाम के दर्शन खातिर
लेकर घूमे बहंगी में।।

मातृ वचन की खातिर शिव से
लड़े स्वयं शिवनंदन हैं।
हे मातृभूमि ! तेरी माटी का
बार बार अभिनंदन है।।

12. माटी का अभिनंदन

प्रेम संदेशा देता रहता
शाहजहां का ताजमहल।
एक दीप से जगमग हो जग
बतलाता है शीश महल।।

गुफा अजंता के भित्तों में
बुद्ध की गौरव गाथा है।
एलोरा में तीन धर्म का
समावेश दिख जाता है।।

खजुराहो की मूर्ति शिल्प भी
अजब कहानी कहती है।
कामकला की एक अलौकिक
आभा यहाँ झलकती है।।

भारत के हर विश्व धरोहर में
युग युग का चिन्तन है।
हे मातृभूमि ! तेरी माटी का
बार बार अभिनंदन है।।

13. माटी का अभिनंदन

हिन्दू धर्म सनातन है जो
ईश ब्रहम को माने है।
जीव आत्मा अजर अमर बस
मोक्ष गति को जाने है।।

सिक्ख धर्म में मुक्ति मार्ग बस
'आतम चिंतन' होए है।
कहे ग्रंथ 'हुक्मे अंदर सब
बाहर हुक्म न कोए' है।।

जैन धर्म का मूल मंत्र बस
पंचशील सिद्धांत है।
बौद्ध धर्म में क्षणिक, अनीश्वर
और अनात्म सिद्धांत है।।

ईश्वर, अल्ला एक सभी का
आडंबर का खंडन है।
हे मातृभूमि ! तेरी माटी का
बार बार अभिनंदन है।।

14. माटी का अभिनंदन

नदी नर्वदा ,गंगा ,यमुना
दिखती भले अनेक हैं।
अभिसिंचन ही करती सब हैं
मकसद सबका एक है।।

इसी तरह हैं विविध धर्म
पर लक्ष्य सभी का एक है।
परम शक्ति में निष्ठा सबकी
सबका मकसद नेक है।।

सर्व धर्म सम भाव हमारे
धर्मों का अनमोल है।
दया, प्रेम और सत्य, न्याय
का भाव बड़ा बेमोल है।।

विविध धर्म बस पंथ नहीं
हर दिल का ये स्पंदन हैं।
हे मातृभूमि ! तेरी माटी का
बार बार अभिनंदन है।।

15. माटी का अभिनंदन

जम्बूद्वीप के भारतखंड पे
सारी दुनिया वारी है।
सिंधु, हिन्द की रम्य धरा पे
ईश्वर खुद अवतारी है।।

स्वर्ग और अपवर्ग की जिसको
कर्मभूमि भी कहते हैं।
देव और गंधर्व जहाँ पर
निशिदिन विचरण करते हैं।।

युग बदले पर भाव न बदला
नाम बदलते चले गए।
आर्यावर्त कभी आर्य देश
कभी हिन्दोस्तां भी कहे गए।।

वेदों और पुराणों में भी
जिसके यश का वर्णन है।
हे मातृभूमि ! तेरी माटी का
बार बार अभिनंदन है।।

16. माटी का अभिनंदन

रजनी का तम कभी जगत में
अटल नहीं हो सकता है।
अरुणाचल में सूरज उगकर
जग रोशन कर देता है।।

री दुपहरी विकल पथिक को
छाया तरुवर देता है।
बरसा कर जल मेघ धरा को
हरा भरा कर देता है।।

पर्वत कहता शीश उठाकर
संघर्षों में खड़े रहो।
नदिया कहती मंजिल पथ पर
आगे बढ़ते चले चलो।।

तेरे चरणों में मिटता
दीन दुःखी का क्रंदन है।
हे मातृभूमि ! तेरी माटी का
बार बार अभिनंदन है।।

17. माटी का अभिनंदन

बौधायन का शुल्व शास्त्र
ज्यामिति के सूत्र बताता है।
पाइथागोरस और यूक्लिड को
बाद में जाना जाता है।।

ऋषि कणाद ने सबसे पहले
परम अणु की बात कही।
ऋषि भारद्वाज ने अपने ग्रंथ में
वायुयान तकनीकि लिखी।।

भास्कराचार्य ने गुरुत्वशक्ति
न्यूटन से पहले देख लिया।
सिद्धान्तशिरोमणि में जिसका
सबसे पहले उल्लेख किया।।

ज्ञान हमारे ऋषियों मुनियों
का सबसे सर्वोत्तम है।
हे मातृभूमि ! तेरी माटी का
बार बार अभिनंदन है।।

18. माटी का अभिनंदन

व्याकरण ग्रंथ इस जग का
सबसे पहला अष्टाध्यायी है।
नियम सूत्र संस्कृत भाषा के
पाणिनि ने समझायी है।।

योग पुरुष बन महर्षि पतंजलि
योग शास्त्र समझाते हैं।
पाणिनि-अष्टाध्यायी पर भी
महाभाष्य लिख जाते हैं।।

विष्णु अंश धन्वंतरि बैद्य
आयुर्वेद की थाती हैं।
जड़ी बूटियों की औषधि तो
भारत की परिपाटी है।।

चौदह रत्न निकलते हैं
जब होता सागर मंथन है।
हे मातृभूमि ! तेरी माटी का
बार बार अभिनंदन है।।

19. माटी का अभिनंदन

भारत की आरोग्य निधि तो
आयुर्वेद चिकित्सा है।
सुश्रुत से ही शल्य क्रिया को
सारे जग ने सीखा है।।

चरक महर्षि यायावर व
आयुर्वेद विशारद थे।
तत्कालीन चिकित्सा में
औषधि विज्ञान प्रवर्तक थे।।

जिसे व्यर्थ का समझ समझकर
हम सबने बिसराया था।
उसे यवन ने आकर समझा
सीखा और अपनाया था।।

अगस्त्य ऋषि के सूत्र में मिलता
विद्युत का उत्पादन है।
हे मातृभूमि ! तेरी माटी का
बार बार अभिनंदन है।।

20. माटी का अभिनंदन

वैदिक युग में गुरुकुल वाली
शिक्षा की परिपाटी थी।
वेद ऋचाएं जहाँ जुबानी
पढ़ी पढ़ाई जाती थी।।

लौकिक और अलौकिक विद्या
गुरू सिखाया करते थे।
जहाँ शिष्य परिवार सरीखे
गुरुकुल में ही रहते थे।।

दुनियादारी से बच्चों को
दूर हमेशा रहना था।
शिक्षा जब तक न हो पूरी
गुरु सेवा में रमना था।।

जहाँ रंक और राजा दोनों
साथ किए ज्ञानार्जन हैं।
हे मातृभूमि ! तेरी माटी का
बार बार अभिनंदन है।।

21. माटी का अभिनंदन

गुरुकुल में पढ़ राम कृष्ण ने
गुरु की गुरुता समझाई।
गुरु सेवा की खातिर प्रभु ने
त्यागी अपनी प्रभुताई।।

गुरु वशिष्ठ ने राम लखन को
धनुष चलना सिखलाया।
'बला' और 'अतिबला' ज्ञान को
विश्वामित्र ने समझाया।।

संदीपनि सर्वज्ञ कृष्ण को
चौंसठ कला सिखाते थे।
कृष्ण - सुदामा इस जग को
यारी का पाठ पढ़ाते थे।।

गुरु शिष्य की परम्परा में
श्रद्धा और समर्पण है।
हे मातृभूमि ! तेरी माटी का
बार बार अभिनंदन है।।

22. माटी का अभिनंदन

द्रोण शिष्य अर्जुन के जैसा
कौन धनुर्धर मानी है।
परशुराम के शिष्य कर्ण सा
कौन जगत में दानी है।।

दस हजार बच्चों का गुरुकुल
शौनक ऋषि चलाते थे।
कुलपति के सम्मान से केवल
वही नवाजे जाते थे।।

सप्त ऋषि जो तारामंडल
में भी आज चमकते हैं।
कालखंड में कई शिष्य
युगनायक बने उभरते हैं।।

गीता का उपदेश पार्थ को
स्वयं दिए यदुनंदन हैं।
हे मातृभूमि ! तेरी माटी का
बार बार अभिनंदन है।।

23. माटी का अभिनंदन

तक्षशिला के खंडहर उसका
हर इतिहास बताते हैं।
ईंट ईंट गांधार राज्य की
गौरव गाथा गाते हैं।

अपने ज्ञान बदौलत भारत
विश्वगुरू कहलाया था।
दुनिया ने पहला विद्यालय
तक्षशिला में पाया था।।

वेद, शास्त्र के साथ जहाँ पर
शस्त्र सिखाये जाते थे।
जहाँ पढ़ाई करने दुनिया
भर के बच्चे आते थे।।

ख्यातिलब्ध जिसके शिष्यों का
आज तलक भी चिंतन है।।
हे मातृभूमि ! तेरी माटी का
बार बार अभिनंदन है।।

24. माटी का अभिनंदन

तक्षशिला के गुरुकुल में ही
विष्णुगुप्त चाणक्य बना।
जिसके साये में रहकर ही
चंद्रगुप्त सम्राट बना।।

मगध राज्य पर नंद वंश का
काबिज जो अधिनायक था।
उसे मिटाने वाला केवल
चणक-पुत्र युगनायक था।।

कूटनीति का कुशल खिलाड़ी
उसके जैसा नहीं दिखा।
राज्य प्रबंधन विषयक जिसनें
अर्थशास्त्र सा ग्रंथ लिखा।।

चाणक्य नीति के श्लोकों में
बसता जीवन दर्शन है।
हे मातृभूमि ! तेरी माटी का
बार बार अभिनंदन है।।

25. माटी का अभिनंदन

विश्व विद्‌यालय नालंदा का
यहाँ ज्ञान की थाती थी।
बौद्‌ध धर्म की शिक्षा दीक्षा
जिसकी बस परिपाटी थी।।

यहां विदेशी शिक्षा खातिर
दूर देश से आते थे।
यहाँ छात्र और शिक्षक रहकर
पढ़ते और पढ़ाते थे।।

नौ तल के पुस्तक आलय का
जिसने वैभव पाया था।
बख्तियार ने अपनी सेखी में
उसको जलवाया था।।

जिसके भग्नावशेष आज भी
भूतकाल का दर्पण है।
हे मातृभूमि ! तेरी माटी का
बार बार अभिनंदन है।।

26. माटी का अभिनंदन

भारत की समृद्ध, पुरातन
उच्च कोटि की संस्कृति है।
चोट हजारों सहकर के भी
मूल रूप में जीवित है।।

जहाँ हमारी परंपराएं
आज तलक भी प्रचलित है।
मिश्र , रोम , यूनान की संस्कृति
आज हो गयी विस्मृत है।।

चिंतन व अध्यात्म की जिसमें
परम श्रेष्ठ अभिव्यक्ति है।
जड़ और चेतन में भी जिसके
पूज्य, भाव व भक्ति है।

जीवन के मूल्यों का जिसके
कण कण में अभिव्यंजन है।
हे मातृभूमि ! तेरी माटी का
बार बार अभिनंदन है।।

27. माटी का अभिनंदन

सहनशील इस जग में केवल
भारत मां की संस्कृति है।
जिसमें जीवन पद्धति की हर
आकृति सुंदर चित्रित है।।

ग्रहणशीलता बड़ी निराली
सबको अंगीकार किया।
मौलिक रूप बिना खोए सब
धर्मों को स्वीकार किया।।

यहां सिकन्दर लूटपाट कर
जो धन धान्य जुटाता है।
अंतकाल अपराध बोध में
देख उसी को रोता है।।

यहां सेल्यूकश चन्द्रगुप्त से
करता रिश्ता बंधन है।
हे मातृभूमि ! तेरी माटी का
बार बार अभिनंदन है।।

28. माटी का अभिनंदन

देख के वैभव हिन्दुस्तां का
यवनों का मन डोला था।
सोमनाथ को लूटा, मथुरा
काशी भी ना छोड़ा था।।

धर्म ध्वजा फहराने खातिर
हमने जिसको जोड़ा था।
उन्हीं मंदिरों को आ करके
बुतशिकनों ने तोड़ा था।।

गोरी और गजनवी ने जो
लूट-मार का काम किया।
उनसे पीड़ित की आहों ने
गजनी को अभिशाप दिया।।

शुष्क धरा है आज फिजा में
चीत्कार व क्रन्दन है।
हे मातृभूमि ! तेरी माटी का
बार बार अभिनन्दन है।।

29. माटी का अभिनंदन

मां तेरे चप्पे चप्पे पर
संस्कार का पहरा है।
सद्गुण की महिमा बतलाता
मनता यहां दशहरा है।।

होली के रंगों में बसती
जीवन की खुशहाली है।
दूर करो तम अंतस का
ये कहती यहाँ दिवाली है।।

अपना ये मादरे वतन ही
मक्का और मदीना है।
अंतर्मन की शुचिता खातिर
ही रमजान महीना है।।

तीज और त्यौहार सिखाते
श्रद्धा और समर्पण हैं।
हे मातृभूमि ! तेरी माटी का
बार बार अभिनंदन है।।

30. माटी का अभिनंदन

मोक्ष दायिनी सप्तपुरी भी
एक पुरातन थाती है।
धर्म ग्रंथ में लिखी ऋचाएं
जिसकी महिमा गाती हैं।।

मथुरा, माया, कांची, काशी
अवध, द्वारिका धाम है।
क्षिप्रा तट पर बसी अवंती
सप्तपुरी का नाम है।।

सबकी अपनी अपनी महिमा
अपनी गौरव गाथा है।
परम ईश से जुड़ने वाली
ये सब मोक्ष प्रदाता हैं।।

इनकी गलियों और वादी में
एक अलग ही रंजन है।
हे मातृभूमि ! तेरी माटी का
बार बार अभिनंदन है।।

31. माटी का अभिनंदन

माया नामक पुरी शिवालिक
की गोदी में बसती है।
कपिल मुनि की तपोभूमि में
गंगा जहाँ विचरती है।।

सागर मंथन का अमृतघट
विश्वकर्मा से छलका है।
ब्रहमकुंड के मज्जन से जहां
पाप कर्म सब धुलता है।।

विदुर जहाँ मैत्रेय मुनि से
तत्व ज्ञान को लेता है।
बद्री और केदारनाथ का
द्वार जहाँ पर खुलता है।।

हरिद्वार के नाम से उसका
आज हो रहा गुंजन है।
हे मातृभूमि ! तेरी माटी का
बार बार अभिनंदन है।।

32. माटी का अभिनंदन

आदि काल की पुरी अवन्ती
महाकाल की नगरी है।
वंशीधर की लीला जिसके
संदीपनि में पसरी है।।

पुण्य सलिल क्षिप्रा तट वाली
नगरी मोक्ष दायिनी है।
कालिदास के 'मेघदूत' की
स्वर्गखंड उज्जयिनी है।।

ब्रह्मा, विष्णु और स्वयं शिव
जहाँ त्रिदेव अधिष्ठित हैं।
महातीर्थ के रूप में जो
धरती पर आज प्रतिष्ठित है।।

सिंहस्थ कुंभ उस उज्जयिनी का
एक प्रमुख आकर्षण है।
हे मातृभूमि ! तेरी माटी का
बार बार अभिनंदन है।।

33. माटी का अभिनंदन

चक्रपाणि की मति पा करके
मनु ने जिसे बसाया था।
सूर्यवंशी इक्ष्वाकु नृपों का
शासन और समाया था।।

जिस धरती पे नारायण का
रामरूप अवतारी है।
उसी अयोध्या पुरी पे दुनिया
आज तलक बलिहारी है।।

सरयू तट के घाट घाट तक
जिसकी महिमा गाते हैं।
रामायण के रामलला जहँ
घर घर पूजे जाते हैं।।

जहां सांस भी आते जाते
करे राम का वन्दन है।
हे मातृभूमि ! तेरी माटी का
बार बार अभिनंदन है।।

34. माटी का अभिनंदन

जिस धरती पर ब्रह्मा जी ने
देवी की स्तुति की थी।
पार्वती ने जहाँ बैठकर
शिवलिंग की पूजा की थी।।

तमिलनाडु में स्थित नगरी
जो दक्षिण की काशी है।
जिसकी पौराणिक गाथाएं
अजर, अमर, अविनाशी हैं।।

जो पलार के तट पर बसती
मुक्ति मार्ग की मांझी है।
पावन सप्तपुरी में शामिल
वो नगरी ही कांची है।।

धर्मधुरी हैं मंदिर इसके
हरिहरात्मक दर्शन है।
हे मातृभूमि ! तेरी माटी का
बार बार अभिनंदन है।।

35. माटी का अभिनंदन

जहां ब्रह्म हत्या के पाप ने
शिव का पीछा छोड़ा था।
महादेव की खातिर जिससे
विष्णु ने नाता तोड़ा था।।

शास्त्र करें उद्घोष जहाँ शिव
तारकमंत्र सुनाते हैं।
अंतकाल में जिसे श्रवण कर
जीव मुक्त हो जाते हैं।।

गंगा, वरुणा और असी के
संगम की जो साक्षी है।
वही बनारस शिव की नगरी
भूतकाल की काशी है।।

विश्वनाथ के शरणागत हो
कटते सारे बंधन हैं।
हे मातृभूमि ! तेरी माटी का
बार बार अभिनंदन है।।

36. माटी का अभिनंदन

गर्ग संहिता जिसे बताती
सब पुरियों की रानी है।
यमुना तट पर बसी हुई वो
मथुरा मोक्ष दायिनी है।।

नारायण ने जिसके बंदी-
गृह में खुद अवतार लिया।
द्वापर युग में धन्य धरा कर
बहुतों का उद्धार किया।।

विद्वानों के अभिमत से जो
ब्रज की हृदय स्थली है।
गोवर्धन के निकट बसी वो
परम् धाम पारसौली है।।

मुरलीधर की लीलाओं से
जिसका कण कण चंदन है।
हे मातृभूमि ! तेरी माटी का
बार बार अभिनंदन है।।

37. माटी का अभिनंदन

ब्रज भूमी में कालिंदी तट
गोकुल व गोवर्धन हैं।
नंदगांव, बरसाना खातिर
राधा कृष्ण रतनधन हैं।।

ब्रज में जितने तपवन, उपवन
वन, अधिवन औ प्रतिवन हैं।
कुंज बिहारी की लीला का
साक्षी बस वृंदावन है।।

मुरलीधर बृजभान किशोरी
घर घर पूजे जाते हैं।
गूंज रहा इसकी गलियों में
एक नाम बस राधे है।।

जहाँ अधिष्ठित माने जाते
ब्रज राजा संकर्षण हैं।
हे मातृभूमि ! तेरी माटी का
बार बार अभिनंदन है।।

38. माटी का अभिनंदन

वासुदेव ने सागर तट पर
जिसको स्वयं बसाया था।
चार धाम और सप्तपुरी में
जिसने गौरव पाया था।।

जरासंध से विग्रह पर जब
कृष्ण द्वारिका आते हैं।
यही द्वारिकाधीश यहां रण-
छोड़ दास कहलाते हैं।।

द्वापरयुग में कृष्णा की ये
कर्मभूमि बन जाती है।
यहीं से सारे हिन्दुस्तां में
धर्म ध्वजा लहराती है।।

जिसके गोपीताल की मिट्टी
बनती गोपी चंदन है।
हे मातृभूमि ! तेरी माटी का
बार बार अभिनंदन है।।

39. माटी का अभिनंदन

जिस वादी का आलिंगन ही
स्वर्ग सरीखी कुर्वत है।
जहां अलकनंदा के तट पर
नर नारायण पर्वत हैं।।

जिस धरती को पृथ्वी का
बैकुंठ बताया जाता है।
उस हिमवादी में तप्तकुंड की
लीला रचे विधाता है।।

जहां जगत के पालनकर्ता,
ध्यानयोग में रहते हैं।
चार धाम में पुण्य बद्रिका
आश्रम उसको कहते हैं।।

ब्रह्मकपाली आकर करते,
सब पितरों को तर्पण हैं।
हे मातृभूमि ! तेरी माटी का,
बार बार अभिनंदन है।।

40. माटी का अभिनंदन

तपयोगी नारायण खातिर,
पहले बदरी छोड़ा था।
तब जाकर केदार श्रृंग से,
शिव ने नाता जोड़ा था।।

केदार, खर्च व भरतकुंड से,
घिरा रुद्र का धाम है।
पंच नदी के संगम वाला,
क्षेत्र बड़ा अभिराम है।।

जहां हमेशा जगमग दीपक,
दिव्य ज्योति का जलता है।
भक्त स्वयंभू शिवलिंग को जहां,
अपनी बांह जकड़ता है।।

कण कण में केदारनाथ के,
शिव का अलख निरंजन है।
हे मातृभूमि ! तेरी माटी का,
बार बार अभिनंदन है।।

41. माटी का अभिनंदन

सकल त्रास निर्मूलक प्रभु का,
अपना अलग विधान है।
छह माह निज धाम में दर्शन,
फिर प्रवास प्रस्थान है।।

शीतकाल में चार धाम के
बन्द कपाट जो होते हैं।
डोली चढ़ केदारनाथ तब
ऊखीमठ आ जाते हैं।।

बद्री जी का डेरा जब तक,
जोशी मठ में रहता है।
गंगा- यमुना दर्शन मुखबा,
खरसाली में होता है।।

इनके दर पर दस्तक देकर
हो जाता निर्मल मन है।
हे मातृभूमि ! तेरी माटी का
बार बार अभिनंदन है।।

42. माटी का अभिनंदन

सबर जाति के मुखिया का
जहाँ नाम प्रभु से जुड़ता है।
जहाँ स्वयं आकर विश्वकर्मा,
काष्ठ मूर्ति को गढ़ता है।।

सबर जाति के इष्टदेव
नील-माधव जहाँ बिराजे हैं।
बहन सुभद्रा और बलभद्र,
संग में पूजे जाते हैं।।

ओडीशा के सागर तट पर
पुण्य पुरी जो बसती है।
दुनिया उसको चार धाम की
जगन्नाथपुरी कहती है।।

जगन्नाथ जी के मंदिर पर
शोभित चक्र सुदर्शन है।
हे मातृभूमि ! तेरी माटी का
बार बार अभिनंदन है।।

43. माटी का अभिनंदन

जिस टापू का चप्पा चप्पा
राम कहानी कहता है।
उच्छृंखल जल सागर का जहँ
शांत भाव में बहता है।।

जहाँ से सिंहल द्वीप तलक जब
सेतु बंध का कार्य हुआ।
प्रभु के हाथों तब लंकापति
रावण का संहार हुआ।।

रामेश्वर है वही धरा जहाँ
राम ने शिव को पूजा है।
रामनाथ स्वामी मंदिर में
और न कोई दूजा है।।

गंधमधन पर्वत पर प्रभु के
पग चिन्हों का दर्शन है।
हे मातृभूमि ! तेरी माटी का
बार बार अभिनंदन है।।

44. माटी का अभिनंदन

सारे जग को मर्यादा का
पाठ राम सिखलाते हैं।
मानवता का धर्म धार
जीवन दर्शन बतलाते हैं।।

यमुना तट जो प्रेम सुधा रस
वंशी से छलकाते हैं।
वही कृष्ण फिर कुरुक्षेत्र में
गीता को भी गाते हैं।।

बुद्ध यहीं से विश्व शांति का
संदेशा दे जाते हैं।
आज तलक बहुतेरे जग में
उनके ही यश गाते हैं।।

सत्य, अहिंसा, प्रेम पुजारी
सभी नंदिनी नंदन हैं।
हे मातृभूमि ! तेरी माटी का
बार बार अभिनंदन है।।

45. माटी का अभिनंदन

जहाँ जवानी सरफरोशी के
गीत खुशी से गाती है।
जुल्मी कुर्सी इंकलाब के
नारों से थर्राती है।

जहाँ तराना देश प्रेम का
सारे जहाँ से अच्छा है।
विजयी विश्व तिरंगा, जन गण
गाता बच्चा बच्चा है।।

जाति, धर्म और बोली वाणी
भाषा भले अनेक है।
लेकिन राष्ट्रभक्ति का जज्बा
और तराना एक है।।

जिसके क्रांतिवीर बेटों में
सिंहनाद का गर्जन है।
हे मातृभूमि ! तेरी माटी का
बार बार अभिनंदन है।।

46. माटी का अभिनंदन

यहाँ ज्ञान की गंगा वाले
निर्झर झरने बहते हैं।
पंख खोल नभ में निशंक
पक्षी उड़ान भर सकते हैं।।

मलयाचल की सुखद हवाएं
मन की पीड़ा हरती हैं।
कानों में कोयल की बोली
मिश्री घोला करती हैं।।

अरुणाचल से आने वाली
किरणों का ये कहना है।
सबको मिलकर सारे जग से
दूर अंधेरा करना है।।

निष्काम भाव सेवा का तेरे
हर एक रज में ग्रंथन है।
हे मातृभूमि ! तेरी माटी का
बार बार अभिनंदन है।।

47. माटी का अभिनंदन

भारत मां के बाल वीर की
अपनी अनुपम गाथा है।
जिनके ज्ञान तपोबल हठ के
गान जमाना गाता है।।

सुरुचि विमाता से आहत हो
ध्रुव जब हठ कर लेते हैं।
स्वयं विधाता आकर उनको
गोद अटल दे देते हैं।।

अल्पायु मार्कण्डेय ऋषि जब
महामंत्र को जपते हैं।
उन्हें अमरता का आकर
वरदान स्वयं शिव देते हैं।।

विष्णु भक्त प्रह्लाद की खातिर
नरसिंहा का गर्जन है।
हे मातृभूमि ! तेरी माटी का
बार बार अभिनंदन है।।

48. माटी का अभिनंदन

जहाँ जन्म पा जीव चराचर
खुद पर यूं इतराता है।
जैसे सारे भूमण्डल का
सुख सागर पा जाता है।।

जिस मिट्टी से जुड़ी कहानी
अगणित और अनंत है।
जिसके भूत भविष्य काल का
आदि न कोई अंत है।।

कागज-मसि से जिसकी गाथा
लिखी नहीं जा सकती है।
महिमा सीमित समय काल में
कही नहीं जा सकती है।।

जिसे नमन कर रश्मिरथी भी
हाँके सूर्य स्यन्दन है।
हे मातृभूमि! तेरी माटी का
बार बार अभिनंदन है।।

49. माटी का अभिनंदन

जिसकी रक्षा हित में बेटे
बन जाते कैलाशी हैं।
शीश कटाने खातिर जिसके
हर बेटे अभिलाषी हैं।।

जहाँ बेटियां युद्धघोष पर
रणचण्डी बन जाती हैं ।
शीश काटकर शत्रु लहू से
मेंहंदी हाथ रचाती हैं ।।

निश्चय संतति की खातिर हर
माँ ममता की मूरत है।
किंतु किया बलिदान देश को
जब भी पड़ी जरूरत है।।

उऋण न होंगे ऋण से उसके
हम सब बड़े अकिंचन हैं।
हे मातृभूमि! तेरी माटी का
बार बार अभिनंदन है।।

50. माटी का अभिनंदन

मां सुखदा सर्वदा तुम्हारा
आँचल, चूनर धानी है।
मां तुझ पर कुर्बान हमारी
बचपन, प्रौढ़, जवानी है।।

मिले तुम्हारी गोद मुझे माँ
अंतिम यही याचना है।
बने बदन का कफ़न तिरंगा
मेरी यही कामना है।।

यही अटल विश्वास हमारा
जीवन भर की आशा है।
हर जन्मों में बनूँ तुम्हारा
बेटा माँ अभिलाषा है।।

मां तेरा फिर अंक न मिलना
सबसे बड़ा प्रवंचन है।
हे मातृभूमि ! तेरी माटी का
बार बार अभिनंदन है।।

51. माटी का अभिनंदन

महिमा गान करे माँ ज्ञानी
कौन जगत में ऐसा है।
गुन गाथा लिखना गागर में
सागर भरना जैसा है।।

जब भी तेरा ध्यान करूं माँ
भाव स्वयं आ जाते हैं।
मानस पट पर आते आते
शब्द स्वयं गढ़ जाते हैं।।

अब तक चलती रही लेखनी
आज यहीं पर थमती है।
चलते चलते सागर में गंगा
भी जाकर मिलती है।।

सौभाग्य तुम्हारा है हरिहर
चतुरानन करते वंदन हैं।
हे मातृभूमि ! तेरी माटी का
बार बार अभिनंदन है।।

अन्त्य लेख

जिस मिट्टी में हमने जन्म लिया, जहाँ हम पले, बढ़े, जवान हुए और फिर जिंदगी का सफर तय करते हुए बुढ़ापे की अंतिम दहलीज पर पहुँचकर फिर से उसी मिट्टी के आगोश में समा जाएंगे, जिसने हमें निःस्वार्थ, निष्काम भाव से जीवन के लिए हवा, अन्न, जल, फल, फूल दिया, जिसने हम सबको भेदभाव से परे रहकर सद्भाव से जीने का संदेश दिया, उस मातृभूमि की गौरवगाथा का न तो कोई आदि हो सकता है और न ही कोई अंत। मातृभूमि की पावन माटी की गौरवगाथा को मात्र 51 पदों में बाँध पाना संभव नहीं है। यह काव्यांजलि मातृभूमि के गौरवगान का सहस्र कोटि अंश मात्र भी नहीं है। यह मातृभूमि के गौरवशाली इतिहास, समृद्ध संस्कृति, संस्कार, ज्ञान, विज्ञान, पौराणिकता, आध्यात्मिकता, प्राकृतिक सुरम्यता, अप्रतिम भूगोल की ओर लोगों का ध्यान आकृष्ट करने का एक छोटा सा प्रयास मात्र है।

पुस्तक विचारों का संवाहक होती है। यह लेखक के विचारों को पाठकों तक पहुंचाने का साधन मात्र है। यूँ तो 'माटी का अभिनंदन' काव्यांजलि की रचना में शामिल तथ्यों, प्रसंगों, उद्धरणों को यथार्थता

के सन्निकट रखने का भरसक प्रयास किया गया है फिर भी इसमें त्रुटि की संभावना से बिल्कुल इंकार नहीं किया जा सकता है। जाने अनजाने हुई त्रुटि पर हमें खेद रहेगा। अगर यह काव्यांजलि आपके भीतर भारत की संस्कृति, सभ्यता, सम्पदा, इतिहास-भूगोल, अतीत व वर्तमान को जानने व समझने की उत्सुकता जगाने में सफल हुई तो हम समझेंगे कि हमारा प्रयास सार्थक हुआ। हमें आपकी प्रतिपुष्टि (प्रतिक्रिया) का इंतजार रहेगा।

--प्रदीप पांथ

शब्दकोश

अभिनंदन- अभिवादन, प्रणाम; कल्याणी- कल्याण करने वाली; भाग्यविधाता- तकदीर नियंता; भस्म- राख; सम्बल- सहारा; नंदनवन- इंद्र का उद्यान; शोणित- लाल, रक्तवर्ण; हवाला- पता, पहचान; निवाला- ग्रास, कौर; परमब्रह्म- ईश्वर; संवर्धन- बढ़ने या बढ़ाने की क्रिया; आविर्भाव- प्रकट होना; रत्नाकर- सागर, रत्नों की खान; ऋचा- वेदमंत्र, स्तोत्र, श्लोक; क्षत्राणी- वीरांगना, बहादुर स्त्री; तृण- घास; पहरूए- रक्षक, पहरेदार; जौहर- प्रथा जिसमें राजा की मृत्यु के बाद रानियाँ और पटरानियाँ अग्निकुण्ड में कूद कर जान दे देती थी; महिमा मंडन- गुणगान; प्रतिमान- अनुकरणीय आदर्श; यजमान- यज्ञ करने वाला; सर्वदमन- दुष्यन्त के पुत्र भरत का एक नाम, सबका दमन करने वाला; भवप्रीता- ब्रह्माण्ड द्वारा पसन्द की जाने वाली, ब्रह्माण्ड के लिए आदर्श; निरंजन- अज्ञानता नष्ट करने वाला, रंजन से रहित, निर्गुण ब्रह्म, परमात्मा; प्रणेता- बनाने वाले, रचयिता; अनुरक्ति- प्रेम, आसक्ति; शिवनंदन- भगवान गणेश; समावेश- शामिल, व्याप्त; अलौकिक- जो लोक में न मिले, अद्भुत; आभा- शोभा, चमक; अनीश्वर- नास्तिक, ईश्वर को न मानने वाला; अनात्म- चेतन रहित, जड़, आत्मा रहित; अभिसिंचन- अच्छी तरह

सिंचाई; स्पंदन- धड़कन, कम्पन; रम्य- रमणीय; अपवर्ग- मोक्ष, त्याग; अरूणाचन- पूरब दिशा; विकल- व्याकुल; पथिक- राही; तरुवर-वृक्ष; क्रंदन- विलाप, आह्वान, ललकार; आरोग्य निधि- स्वास्थ्य का खजाना; विशारद- विशेषज्ञ; प्रवर्तक- प्रतिष्ठाता; यवन- यूनानी (आक्रान्ता); परिपाटी- प्रथा, चलन; प्रभुताई- प्रभु होने का भाव; युगनायक- युग के महान व्यक्तित्व; यदुनंदन- भगवान श्री कृष्ण; अधिनायक- तानाशाह, निरंकुश शासक; अभिव्यंजन- अभिव्यक्ति, विचारों एवं भावों का प्राकट्य; अंगीकार- स्वीकार; बुतशिकन- मूर्त्ति तोड़ने वाला; अभिशाप- बड़ा श्राप, लाक्षन; चीत्कार- चिल्लाहट, चीख पुकार; शुचिता- पवित्रता, निष्कपटता; रंजन- रंगना, प्रसन्न करना, आनन्द; गुंजन- भौंरे का गुंजार, कलरव; अधिष्ठित- स्थापित; चक्रपाणि- भगवान विष्णु; मति- राय, सम्मति; सर्माया- पूँजी, सम्पत्ति; बलिहारी- निछावर होना, स्तुति- प्रशंसा, पूजा; हरिहरात्मक- भगवान विष्णु व भगवान शिव दोनों का; उद्घोष- घोषणा, बताना; तारकमंत्र- भव सागर पार कराने वाला मंत्र; अभिमत- विचार; रतनधन- रत्न रूपी धन; संकर्षण- श्री कृष्ण के बड़े भाई बलराम; कुर्वत- सामीप्य, निकटता; तर्पण- पितरों को जल दान, तृप्त करने की क्रिया; अभिराम- अच्छा लगने वाला, मोहक; त्रास- अनिष्ट का डर; निर्मूलक- विनाश करने वाला; प्रवास- दूसरे स्थान (परदेश) पर जाकर रहना; उच्छृंखल- उद्दण्ड, स्वेच्छाचारी,

बन्धन न मानने वाला; सिंहलद्वीप- भारत के दक्षिण का द्वीप जिसे आज श्री लंका कहा जाता है; नंदिनी- बेटी; नंदन- बेटा; सरफरोशी- सर कुर्बान करने की भावना; इंकलाब- बदलाव, परिवर्तन, उलटफेर; तराना- गीत; गर्जन- दहाड़; क्रान्तिवीर- क्रान्ति की अलख जगाने वाला; निशंक- निडर; मलयाचल- दक्षिण भारत का एक पर्वत मलयागिरि, निष्काम- कामना या वासना से रहित; ग्रंथन- गांठना, गूँथना; मसि- स्याही; स्यन्दन- रथ; रश्मिरथी- सूर्य का सारथी; कैलाशी- कैलाश पर्वत पर निवास करने वाले प्रलयंकर भगवान शिव; अभिलाषी- इच्छुक, चाहने वाला; अकिंचन- अत्यंत गरीब; सुखदा- सुख देने वाली; अंक- गोद; प्रवंचन- धोखा, छलावा; मानस पट- मनरूपी तख्ती; चतुरानन- ब्रह्मा; हरिहर- भगवान विष्णु व शिव।